AIKIDO EM TRÊS LIÇÕES SIMPLES

AIKIDO
EM TRÊS
LIÇÕES SIMPLES

Richard Moon

AIKIDO EM TRÊS LIÇÕES SIMPLES

Tradução
DENISE DE C. ROCHA DELELA
Revisão técnica
JOSÉ ROBERTO BUENO
VITOR MOTOMURA

Editora Cultrix
SÃO PAULO

Título original: *Aikido in Three Easy Lessons.*
Copyright © 1997 Richard Moon.
Copyright da edição brasileira © 2006 Editora Pensamento-Cultrix Ltda.
1ª edição 2006.
5ª reimpressão 2015.

Todos os direitos reservados. Nenhuma parte deste livro pode ser reproduzida ou usada de qualquer forma ou por qualquer meio, eletrônico ou mecânico, inclusive fotocópias, gravações ou sistema de armazenamento em banco de dados, sem permissão por escrito exceto nos casos de trechos curtos citados em resenhas críticas ou artigos de revistas.

A Editora Cultrix não se responsabiliza por eventuais mudanças ocorridas nos endereços convencionais ou eletrônicos citados neste livro.

Organizado por Ed Buryn, Eugene Lesser, Toby Lafferty, Chris Thorsen e Carol Yamasaki.

Quero agradecer a Bill Holm por autorizar a reprodução do poema "Advertência".

Ilustrações da *Japanese Ink Painting*, de Naomi Okamoto (Sterling Publishing, 1996) e de *Chinese Landscape Painting*, de Audrey Quigley (Sterling Publishing, 1993).

Dados Internacionais de Catalogação na Publicação (CIP)
(Câmara Brasileira do Livro, SP, Brasil)

Moon, Richard
　　Aikido em três lições simples / Richard Moon; tradução Denise de C. Rocha Delela; revisão técnica José Roberto Bueno, Vitor Motomura. -- São Paulo : Cultrix, 2006.

　　Título original : Aikido in three easy lessons.
　　ISBN 978-85-316-0952-7

1. Aikidô 2. Aikidô 3. Artes marciais I. Título.

06-6138　　　　　　　　　　　　　　　　　　　　　　　　CDD-796.8154

Índices para catálogo sistemático:
1. Aikidô : Esportes 796.8154

Direitos de tradução para a língua portuguesa
adquiridos com exclusividade pela
EDITORA PENSAMENTO-CULTRIX LTDA.
Rua Dr. Mário Vicente, 368 – 04270-000 – São Paulo, SP
Fone: (11) 2066-9000 – Fax: (11) 2066-9008
E-mail: atendimento@editoracultrix.com.br
http://www.editoracultrix.com.br
que se reserva a propriedade literária desta tradução.
Foi feito o depósito legal.

SUMÁRIO

Agradecimentos 7
Prefácio da Edição Brasileira 9
Prefácio 13
Ensinamentos de Morihei Ueshiba, O-Sensei 17
O Aikido em Três Lições Simples – em Poucas Palavras .. 20
O Aikido em Três Lições Simples – em Poucas Páginas ... 23
   Sinta Onde Você Está 25
   Relação de Harmonia 27
   Compartilhe Quem Você É 29
Explorações 33
   1. Sinta Onde Você Está 35
      Enraizar-se é conectar-se com algo mais ... 37
      A arte de estar consciente 42
   2. Relação de Harmonia 45
      O poder da harmonia 47
      Fora da linha de choque 50
      O poder do questionamento 51
      O poder do treinamento 53
      A morte como conselheira 55

3. Compartilhe Quem Você É 57
    Autenticidade e espontaneidade 59
O Processo como um Todo 63
    A Recuperação da Totalidade 65
    O Mistério da Santíssima Trindade 67
    Possibilidades Quânticas 71
    Mudança Social: Liderança do Espírito 75
Um Sistema 79
"Advertência": O Dançarino Dentro de Nós 81
A Origem das Três Lições Simples 85

AGRADECIMENTOS

EM PRIMEIRO LUGAR, eu gostaria de agradecer ao fundador do Aikido: Morihei Ueshiba, O-Sensei. Em seguida, quero expressar a minha profunda gratidão a Robert Nadeau, meu instrutor e aluno direto de O-Sensei.

Também quero agradecer a Chris Thorsen, meu amigo e sócio nos negócios, que durante várias décadas apoiou de todo o coração a arte, o trabalho e o dojo.

Por fim, quero agradecer todo mundo que estudou comigo. Todos vocês me deram a oportunidade de crescer em conhecimentos e desenvolver as idéias apresentadas neste livro.

PREFÁCIO DA EDIÇÃO BRASILEIRA

TOMEI CONHECIMENTO DO LIVRO *Aikido em Três Lições Simples* por intermédio de Donald Levine, presidente da Aiki-Extensions, Inc., uma organização internacional formada por faixas-pretas que desenvolvem projetos de impacto social através da arte do Aikido.

Don Levine trouxe este pequeno livro na bagagem quando esteve em São Paulo há alguns anos. Ele veio conhecer pessoalmente o projeto que desenvolvo no Brasil, onde ensino princípios de harmonia do Aikido para grupos da nossa sociedade que não são praticantes que poderíamos considerar "típicos": crianças e jovens de comunidades carentes e gestores de empresas públicas e privadas.

Além dos benefícios que o Aikido – como atividade física – proporciona para a saúde das pessoas, existe uma dimensão oculta que é um verdadeiro tesouro. Uma dimensão cada vez mais reconhecida por psicólogos e líderes de vários segmentos: o Aikido educa o ser humano para a possibilidade de uma vida de harmonia num mundo de conflitos.

Uma pessoa saudável é alguém capaz de lidar com as agressões e os problemas do dia-a-dia com serenidade. É alguém preparado para absorver as pressões com elegância e naturalidade. O Aikido nos ajuda a compreender a natureza do conflito, seja ele físico, emocional ou social. Objetivo ou subjetivo. Pessoal ou interpessoal. O Aikido prepara o corpo e a mente para aceitar as adversidades – e os adversários – como uma realidade inevitável. E para lidar com eles sem entrar no jogo do "matar ou morrer" ou do ganhar/evitar perder a qualquer preço.

Morihei Ueshiba, O-Sensei, criador do Aikido, costumava associar o aikidoísta ao pacificador. Mais que um pacifista, o pacificador é aquele que foi treinado para reencontrar a paz em situações de guerra. O-Sensei foi um exímio guerreiro antes de criar o Aikido, que hoje é conhecido como a "arte da paz". O aikidoísta estuda e compreende as várias dimensões do conflito. Esse é o caminho do Aikido: desenvolver uma maior percepção de si e do outro e ser um restaurador da paz quando o "eu" e o "outro" estão em guerra. Segundo ele, "o pacificador é alguém que sabe perfeitamente como causar um estrago, mas opta por não causá-lo". A harmonia é o seu propósito maior e decisão de todo momento, em todas as situações.

Um livro sobre o Aikido é sempre um desafio, pois o Aikido é um conhecimento que se adquire com o fazer. É uma filosofia e uma estratégia de vida, uma sabedoria que somente pode ser acessada pela experiência. As palavras mais bem escritas pelo mais graduado mestre de Aikido nunca substituirão o saber que somente a vivência do Aikido, no tatame, pode oferecer. Deve então ser um livro provocador.

Que sirva como um convite irresistível para o leitor. Um convite para um encontro com a prática.

Nesse sentido, *Aikido em Três Lições Simples* cumpre esse papel com maestria. O leitor não encontrará aqui um manual técnico, tampouco um livro sobre a história dessa arte. Richard Moon elegeu três conceitos simples que distinguem o Aikido como arte marcial moderna: (1) **Sinta onde você está**, (2) **crie uma relação de harmonia** e (3) **compartilhe quem você é.** Conceitos fáceis, não? Não se engane. Costumo dizer que o Aikido é simples, mas não é fácil. A expressão natural, espontânea e centrada, firme e ao mesmo tempo suave, manifestada na forma do Aikido, é fruto de muita prática e dedicação.

Há alguns anos pedi aos meus alunos que traduzissem em poucas palavras o que significava para cada um a experiência de aprendizagem da arte do Aikido. Lembro-me de uma das respostas, de um diretor de criação de uma grande agência de propaganda, que traduziu seu sentimento em uma frase curta e certeira (coisa de publicitário): *Praticar Aikido é o meu corpo ensinar a minha mente.*

Aikido em Três Lições Simples ocupará um espaço diferenciado no universo de publicações sobre artes marciais. É um livro simples, sutil e profundo, assim como o Aikido.

Boa leitura.

José Roberto Bueno
Faixa-preta 4º dan Nihon aikikai
Aikido Harmonia
bueno@aikidoharmonia.com.br

合氣道

PREFÁCIO

O AIKIDO É UMA ARTE marcial moderna, desenvolvida no Japão ao longo do século XX. O seu fundador, Morihei Ueshiba, também chamado de O-Sensei, viveu de 1883 a 1969. *Sensei,* em japonês, significa professor e também "aquele que veio antes". O-Sensei significa grande professor ou professor do professor. Embora tenha se fundamentado em antigas artes marciais que remontam ao século XV, o Aikido é uma concepção nova e original.

O Aikido se baseia no princípio da reconciliação. Ou seja, a reunião do que parecem ser opostos conflitantes, isto é, "os oponentes". O Aikido enfatiza o conceito de união em vez de oposição ao *ki* (energia ou força) de um atacante ou situação. O Aikido difere das outras artes marciais porque neutraliza o ataque, não o atacante.

O Aikido salienta a união das forças do indivíduo com as forças do universo, o alinhamento do que sabemos com forças que estão além do nosso nível atual de entendimento. Esse movimento para além do conhecido, esse avanço rumo ao desconhecido é a essência do estudo dessa arte.

Há dez anos sou sócio de uma empresa de consultoria fundamentada no Aikido. O nosso trabalho se baseia nos princípios do Aikido e do Diálogo. A nossa especialidade é treinar executivos e suas equipes para desenvolver presença dinâmica, liderança inspirada e a capacidade de tomar decisões com base na intuição. Nós também facilitamos a comunicação dentro da equipe e mediamos conflitos.

Este livro é resultado da minha carreira como professor de Aikido e consultor de empresas. Como professor, o meu compromisso é com o meu crescimento pessoal e com o crescimento e desenvolvimento dos meus alunos. Como treinador de executivos, a minha atenção está mais voltada para a execução eficiente do que para o desenvolvimento pessoal que dela advém. De uma perspectiva mais ampla, trata-se da mesma coisa. Quando desenvolvemos a nossa autoconsciência, conseguimos intervir na nossa mente estratégica, modificando o nosso curso de ação de acordo com as inevitáveis mudanças que ocorrem durante a execução. Negociar num universo em constante mutação requer Aikido. Todos nós usamos esses princípios, muitas vezes inconscientemente. Com a prática do Aikido, os princípios se tornam conscientes e as nossas habilidades atingem a maestria.

A prática das Três Lições Simples desenvolve estados de ser e não prescreve técnicas específicas. O foco da intenção determina a criação da nossa vida. A Energia segue a atenção. Simplesmente pratique o Aikido da melhor maneira possível. Com o tempo você ficará mais habilidoso e terá uma capacidade maior de compreensão. Esse é o caminho do aprendizado. Não deixe a voz que diz "Não sei" abafar a voz que diz "Quero saber". Em vez disso, pratique para explorar o desconhecido com um sentimento de curiosidade. A curiosidade se desenvolve assim como se fortalece um músculo, ou seja, exercitando-a.

O Aikido é uma arte profunda. Ensinado da maneira tradicional, leva muitos anos para que o aluno adquira um conhecimento básico. As pessoas que se dedicam ao estudo dessa arte muitas vezes se perdem no caminho e esquecem a essência da arte. Elas aprendem os movimentos das técnicas físicas de autodefesa, mas não se preocupam em mudar a própria personalidade. Essa arte se aplica a todos os relacionamentos e interações. Quando aplicamos na vida diária os princípios que estão por trás dessas técnicas, somos imensamente beneficiados. Para fazer isso é preciso atenção. Para integrar o Aikido à nossa vida, temos de prestar atenção ao que estamos fazendo e como estamos fazendo.

Este mapa simplificado representa uma porta para o mundo do Aikido. Tudo o que eu posso fazer é dar uma idéia da beleza dessa arte. Eu espero que, depois de ler esta obra, todos os meus leitores se dediquem a um estudo profundo. A minha intenção aqui é transmitir o poder dessa arte do modo mais simples possível, para que as suas dádivas possam abarcar um grande número de pessoas. *O Aikido em Três Lições Simples* é um sistema de ensino, não é a arte. Seja você um praticante de Aikido no tatame ou alguém que aplica essa arte no dia-a-dia, este livro lhe dará uma idéia geral. Seus conceitos oferecem uma oportunidade para ampliar a sua percepção. Eu o ofereço com os votos de que ele expanda a sua visão tanto do Aikido quanto da sua vida.

O conteúdo está apresentado em camadas. As idéias são pinceladas e depois desenvolvidas de modo mais profundo ao longo do livro. Este é um método de ensino que visa dar ao leitor a possibilidade de absorver o Aikido em Três Lições Simples, em várias dimensões.

A minha visão é apenas uma visão. É como parece para mim neste momento. À medida que exploramos essa visão da arte do Aikido, espero que o que você encontre aqui melhore a qualidade da sua vida e do seu trabalho, trazendo caminhos renovados e criativos. Eu lhe agradeço por sua abertura e disposição para me acompanhar nessa exploração.

Um aluno uma vez me disse: "Você não está ensinando. Você está aprendendo em voz alta".

Diga uma palavra, ouça dez.
Provérbio japonês

ENSINAMENTOS DE
MORIHEI UESHIBA, O-SENSEI

"AS ARTES MARCIAIS estão em constante mudança. O *Budo* (o caminho do guerreiro) se desenvolve de modo semelhante ao movimento orbital dos corpos celestes e não pode parar nem mesmo um instante. A primeira etapa do meu *budo* chegou ao fim e agora serve como degrau para a segunda etapa. A sua forma precisa ser continuamente renovada.

Não existe *kata* (formas preestabelecidas – técnicas fixas) no Aiki *budo*. Todos os fenômenos deste mundo passam por mudanças constantes de acordo com as circunstâncias e não existe uma situação igual a outra. Não faz sentido usar apenas um único *kata*, pois isso limita o praticante.

As técnicas visíveis aos olhos são inúteis. O nosso corpo e o *kami* (divindade) tornam-se uma coisa só à medida que persistimos no treinamento. É justamente por essa razão que conseguimos deter os movimentos do oponente com técnicas rápidas, invisíveis aos olhos, sem lhe dar a chance de tocar o nosso corpo e sem deixar qualquer tipo de abertura."

– Extraído *de Aiki News,* inverno de 1992, transcrito de um artigo de 1942 por Morihei Ueshiba na revista *Shin Budo.*

OS SUSSURROS DO KAMI

No vasto
vazio
Da eternidade
flui
a energia
da
inteligência
universal;
um sistema
de criação divina
daí se origina.
No vazio,
energia e percepção
modelam
nossa
vida.

O AIKIDO EM TRÊS LIÇÕES SIMPLES – EM POUCAS PALAVRAS

1
SINTA ONDE VOCÊ ESTÁ

Sinta onde você está tenso.
Sinta onde você está relaxado.
Sinta onde você está na sua vida.
Sinta onde você está na Criação.

Presença / Ritmo

2
RELAÇÃO DE HARMONIA

A essência do Aikido é a não-resistência.
Entre em sintonia com a situação
à medida que ela se apresenta.
Mova-se em harmonia

Adaptabilidade / Harmonia

3
COMPARTILHE QUEM VOCÊ É

Expresse a sua energia. Lidere.
Faça sua contribuição.
Permita-se ser visto.

Criatividade / Melodia

O AIKIDO EM TRÊS LIÇÕES SIMPLES – EM POUCAS PÁGINAS

1. Sinta Onde Você Está

A PRIMEIRA LIÇÃO ou princípio refere-se a um estado de presença: estar centrado em si mesmo e totalmente consciente. Essa prática pode ser descrita da seguinte maneira: ***Sinta onde você está.*** Sentir onde você está começa com a habilidade de aguçar a sua percepção em um estado de atenção. Comece trazendo a sua atenção para o seu corpo físico e a partir daí expanda essa consciência para toda a sua vida.

A prática de ***sentir onde você está*** pode ser realizada de várias maneiras diferentes. Observe o equilíbrio do seu corpo. Localize seu centro de gravidade. ***Sinta onde você está*** tenso e resistindo ao fluxo de energia através do seu corpo. ***Sinta onde você está*** relaxado e onde a energia flui livremente.

O primeiro princípio envolve a prática de ***sentir onde você está*** no plano mental, emocional e espiritual. Preste atenção nas suas atitudes e estenda a sua percepção até seu relacionamento com o mundo como um todo e dentro dele.

Sinta onde você está no espaço; *sinta onde você está* no relacionamento com as outras pessoas. *Sinta onde você está* com relação às atitudes e emoções das outras pessoas. *Sentir onde você está* inclui domínios mais sutis, como *sentir onde você está* na sua jornada de vida e *sentir onde você está* no todo da Criação.

Prestar atenção em *sentir como você está* torna possível saber aonde você precisa ir e o que precisa realizar. A atenção no domínio físico faz com que você atravesse portas, não paredes. O mesmo foco de atenção é necessário nos domínios mental, emocional e espiritual, pois ele nos permite atravessar as passagens abstratas da vida com a mesma facilidade.

Você não chegará lá se não estiver no aqui, no presente.

SINTA * PERCEBA * VIVENCIE

2. Relação de Harmonia

O SEGUNDO PRINCÍPIO é *relação de harmonia*, um estado de firme não-resistência. Não-resistir significa agir em sintonia com a experiência, aceitando os seus sentimentos e os sentimentos das outras pessoas. *Relação de harmonia* significa adaptar-se à mudança, entrando em sintonia com a situação que se apresenta.

Na prática física do Aikido, quando alguém ataca, representando a força da mudança, não resistimos à força. Não ficamos na linha de ataque, em oposição à energia, limitados a ser puxados ou empurrados. Em vez disso, nós nos movemos para junto do atacante, giramos o corpo e nos voltamos para a mesma direção que ele, e tentamos entender seu ponto de vista.

Do ponto de vista emocional, criar uma *relação de harmonia* inclui examinar a questão. Seja qual for a emoção que venha à tona, seja ela empolgação ou raiva, frustração ou entusiasmo, tristeza ou alegria, sinta profundamente a emoção e acolha sua orientação.

A ***relação de harmonia*** nos leva a trabalhar juntos de modo criativo. Se o outro reagir negativamente a uma sugestão, não conteste essa reação nem tente convencer a pessoa do contrário. Entrem juntos na questão. Aceite a reação do outro como uma orientação que o levará em direção a uma solução criativa. Trabalhem juntos para aprimorar a sugestão.

Quando a energia não é gasta em oposições ou atritos, toda a nossa atenção fica livre para gerar soluções e ações positivas. Isso fica difícil quando fazemos oposição a outra pessoa, assim como é difícil ser ouvido por alguém que está falando. Uma ***relação de harmonia*** abre as portas para o terceiro princípio: ***Compartilhe quem você é.***

HARMONIZE * MESCLE * OUÇA

3. Compartilhe Quem Você É

O TERCEIRO PRINCÍPIO É *Compartilhe quem você é.* Faça sua contribuição. Cada um de nós tem a sua própria visão de mundo e algo especial para oferecer. Todos valorizamos o fato de fazer uma contribuição e ter nossa contribuição validada pelas outras pessoas. Por medo de resistência ou rejeição, muitas vezes evitamos contribuir ou *compartilhar quem somos nós.* Outras vezes tentamos impor as nossas idéias, aumentando a resistência das outras pessoas e provocando ressentimentos.

Os dois primeiros princípios são pré-requisitos para o terceiro. Você precisa (1) *sentir onde você está*, num estado de consciência de si mesmo e concentrando a atenção em estar absolutamente presente, centrado e enraizado; e (2) em uma *relação de harmonia*, um estado de ser não-resistente à força da mudança ou à situação que se apresenta. Quando você atua sem resistência ou ressentimento, a sua energia fica livre para que você (3) possa *compartilhar quem você é.*

As pessoas muitas vezes querem pular para a terceira etapa sem passar pelas duas primeiras. Mas é fundamental desenvolver a atenção e responder às situações sem resistência. Quando agimos a partir de um estado de percepção consciente e não-resistência, a vida se enche de autenticidade e espontaneidade. Sua contribuição tem um valor único. Ninguém pode partilhá-la a não ser você. Quando estamos centrados e em harmonia com o momento, a possibilidade de causar mudança se abre para nós.

Sinta onde você está, crie uma **relação de harmonia** e compartilhe quem você é.

Existe uma vitalidade, uma força vital, uma energia, um ânimo que se traduz através de você pela ação. E pelo fato de existir só uma pessoa como você, essa expressão é única, e se você a bloqueia, ela não pode ser transmitida por nenhum outro meio e se perde.

O mundo deixa de conhecê-la.

Não é você quem deve julgar o quanto essa expressão é boa, o quanto ela é valiosa ou até que ponto se compara a outras expressões.

Compete a você manter o canal aberto. Você não precisa nem mesmo acreditar em si mesmo ou no seu trabalho. Só tem de se manter aberto e consciente dos impulsos que o instigam.

Mantenha o canal aberto.

– *Martha Graham*

CONTRIBUA * CRIE * LIDERE

EXPLORAÇÕES

1. Sinta Onde Você Está

O PRIMEIRO PRINCÍPIO, *Sinta Onde Você Está*, descreve um estado centrado de presença criativa. ***Sinta onde você está*** é um exercício simples mas poderoso que cria um estado de competência dinâmica. Trata-se de um processo de desenvolvimento da consciência em atenção, que fomenta a ação inteligente.

Quando você ***sente onde você está***, a unidade mente/corpo passa a ser a base da experiência. No campo unificado da mente e da percepção somática, surge um outro nível de inteligência. A apreensão da nossa experiência física nos abre uma porta para a "percepção sentida" do nosso ser, levando-nos a vivenciar a total conexão com o aqui e o agora. Quando focamos a nossa consciência, prestando atenção, começamos a nos conhecer mais intimamente, talvez até de maneira nova. Quando nos centramos e nos ligamos à base do nosso ser, nosso poder aumenta e surgem novas possibilidades.

Sinta onde você está. Perceba o que não tinha percebido antes.

UMA EXPLORAÇÃO

Você pode, se quiser, reservar alguns momentos tranqüilos para cultivar um estado de mais serenidade. Coloque este livro de lado, se preferir. O simples fato de tomar nota das suas experiências pode ajudá-lo a perceber as mudanças em suas percepções ao longo do tempo.

Concentre a atenção na respiração. Sinta o ar entrando e saindo dos pulmões. Isso se chama respiração "externa". Usando a imaginação, sinta o ar circulando dentro de você e o oxigênio sendo absorvido pelas células. Isso se chama respiração "interna". Sinta onde o oxigênio se transforma num fluxo fulgurante de energia. Observe onde isso não ocorre. Mantenha esse fluxo de atenção durante alguns minutos e veja o que acontece.

Agora concentre a atenção na sua sensação física. Sinta onde você está tenso; sinta onde está relaxado. Sinta onde você está, do ponto de vista emocional. Observe a qualidade e a natureza dos seus pensamentos. Sinta onde a energia está fluindo livremente e onde existe resistência ao fluxo de energia vital. Expanda esta consciência para o todo de sua vida. Sinta a qualidade e o tom dos seus relacionamentos com as pessoas, com o seu trabalho e seu envolvimento no mundo.

Sinta onde você está no todo da Criação. Embora este convite desafie a sua mente linear, para sua imaginação é um exercício muito simples. Comece por aí.

Enraizar-se é conectar-se com algo mais

Enraizar-se nos conecta à fonte original do ser. Libera a percepção e permite o uso inteligente da energia. Na conexão com a terra está o reconhecimento de que fazemos parte de um sistema maior. Nós não existimos em isolamento. Não flutuamos no espaço vazio porque a sustentação e a gravidade da Terra nos prendem ao chão. Esse amparo é dado pelo campo expansivo de sustentação oferecido pelo universo, que inclui a energia do Sol e a vitalidade da nossa biosfera, fonte do oxigênio que respiramos e do alimento que ingerimos. Nós estamos interagindo com a energia de toda a criação. Estamos interagindo com a força da criação que está nos criando. Nós somos Criação.

Estar enraizado nos desperta para a nossa condição de participantes ativos do desdobrar da Criação. No processo de ancoragem, o poder do universo flui pela nossa vida e para ela. Com a prática, o enraizamento aumenta a nossa capacidade de usar esse poder.

Quando ficamos assustados ou nervosos, nossos ombros se contraem e os nossos músculos se enrijecem. Nós nos desligamos da terra e resistimos ao fluxo de energia através do nosso sistema. Tão logo concentramos a atenção no propósito de sentir onde estamos, a inteligência natural do nosso sistema vital começa a restabelecer o seu equilíbrio sem esforço. A atenção à respiração e ao estado de tensão do corpo possibilita que o sistema se auto-organize continuamente. A falta de atenção enfraquece esse processo. A percepção dá vida ao movimento.

UMA EXPLORAÇÃO

Enquanto você foca sua atenção em *sentir onde você está*, desvie a atenção dos seus pensamentos e sinta seu corpo. Contrair e descontrair os músculos do corpo todo é o jeito mais simples e tangível de voltar a atenção para o que estamos sentindo. Quanto mais prestamos atenção ao que estamos sentindo, mais claro e acessível fica esse exercício.

Corrija a sua postura; depois expire suavemente e procure se sentir confortável. Sinta a força de gravidade puxando você para baixo e perceba onde você resiste a essa força, sustentando o peso do seu corpo por meio da tensão dos músculos. Sinta o peso do seu corpo afundando sobre os quadris ou pés. Expire lentamente e sinta seus músculos relaxados. Sinta o peso do seu corpo se distribuindo pelos ossos e sendo absorvido pelo solo e dispersado pela massa do planeta. Sinta o chão sustentando você, enquanto sente uma ligação profunda com a Terra. A próxima dimensão de enraizar-se é sentir, por meio da Terra, a conexão com o universo e a interdependência do nosso planeta com um sistema ainda mais amplo.

De pé ou sentado, balance suavemente o corpo para os lados, diminuindo o movimento gradativamente até achar o repouso no Centro. Como você reconhece esse Centro? Como você sabe onde parar?

A. Dá a impressão de ser a posição certa.
B. Eu relaxo.
C. A minha respiração fica mais fácil.
D. Eu me sinto mais estável.
E. Eu tenho mais energia.
F. A minha atenção fica mais clara e aguçada.
G. Eu tenho uma sensação de prontidão ou de capacidade.

H. Eu me sinto mais pesado.
I. Todas as alternativas anteriores.

Enquanto está centrado, observe como seu peso é transferido naturalmente e sem esforço para os seus ossos, para o solo e para a Terra. O foco da atenção muda e aprofunda a sua experiência do Centro e Gravidade. Isso, por sua vez, muda a sua relação com o universo.

Estar enraizado é como respirar. Não basta respirar uma só vez pela manhã. Se você praticar de modo regular será capaz de usar essa técnica sempre que estiver numa situação tumultuada ou de perigo. Faça o exercício de **sentir onde você está** assim que começar a entrar em pânico. Quando concentra a atenção na percepção do seu eu essencial, você se conecta à vitalidade da vida. Isso o coloca em contato com o que está acontecendo no momento e aumenta a sua capacidade de agir. Você sabe naturalmente o que fazer em seguida. A percepção dá vida ao movimento.

As suas energias físicas, mentais, emocionais e espirituais dão forma e modelam os acontecimentos que se tornam história. **Sentir onde você está** desperta a essência de quem você é. A atenção o conecta naturalmente ao todo e o faz perceber o que é preciso mudar em sua vida.

Não existe nem tempo nem espaço antes de
Ueshiba. Apenas o universo assim como é.

Depois de conhecer a si mesmo, você
passará a entender tudo. Tudo no universo
está, em outras palavras, incluído no Eu.
Morihei Ueshiba, O-Sensei

A arte de estar consciente

Assim como o levantamento de pesos desenvolve os músculos, ***sentir onde você está*** aumenta a sua atenção, por meio do processo de contínuo aprimoramento da percepção. O processo de desenvolvimento da concentração no sentir se aplica a todas as dimensões do ser: ao corpo, à mente, às emoções e ao espírito. O movimento a partir de um estado centrado é importante não só na prática das técnicas do Aikido. É para viver sua vida.

O centro não é simplesmente a região abaixo do umbigo. Estar centrado inclui o centro da sua mente, o centro do seu coração, o centro do seu ser, o centro da Terra e o centro da Criação.

O primeiro princípio, **Sentir Onde Você Está**, abrange os domínios mental e emocional. Ele também consiste em prestar atenção à sua atitude e ao seu relacionamento com o mundo e dentro dele. ***Sinta onde você está*** emocionalmente. ***Sinta onde você está*** no relacionamento com as outras pessoas e com as suas atitudes e emoções.

A prática de ***sentir onde você está*** inclui dimensões mais sutis. ***Sinta onde você está*** na sua vida. Você está no seu caminho? Está cumprindo a missão que lhe foi atribuída? ***Sinta onde você está*** na Criação. Até que ponto a sua vida está ligada às forças maiores que sustentam o universo e tornam a existência possível?

Que pistas ou sinais ajudam você a decidir que direção tomar num dado momento? ***Sentir onde você está*** significa estar presente no momento presente e ligado ao passado e ao futuro. A concentração da atenção em onde você está no presente momento torna possível saber como chegar onde você precisa ir e o que você precisa fazer para tanto. É o foco da percepção na atenção que nos permite dirigir um automóvel ou acompanhar uma conversa. O poder da atenção concentrada é tão essencial para o crescimento mental, emocional e espiritual quanto o é, no domínio físico, quando nos movimentamos de um lugar para outro.

A sua disposição de viver profundamente a experiência da sua própria vida lhe dá poder. Quando evitamos, negamos ou reprimimos essa experiência, o nosso poder se dissipa. Por exemplo, nós sabemos que somos capazes de fazer um bom trabalho quando dedicamos a ele a nossa alma e o nosso coração. Quem você demitiria? Um iniciante cheio de ânimo para trabalhar ou um funcionário experiente, mas sem nenhuma motivação? Na vida, ou você se dedica a um processo de aprendizagem e desenvolvimento, renovação e crescimento ou acaba por se calcificar num estado de estagnação e entropia.

> Aquele que não está
> ocupado em nascer
> está ocupado em morrer.
>
> *Bob Dylan*

2. Relação de Harmonia

O SEGUNDO PRINCÍPIO É *Relação de Harmonia*, que significa não-resistência ao universo em expansão, aceitando e recebendo o que acontece, em vez de se opor a isso. As palavras do inglês *harmonious* (harmonia) e *arm* (braço) derivam ambas de uma raiz grega que significa "ajustar-se" ou "juntar-se", assim como o braço se ajusta ou se junta ao ombro. Do ponto de vista musical, a relação de harmonia é aquela que enriquece as séries melodiosas de duas ou mais notas. Os participantes de um coral cantam em tons diferentes num relacionamento harmonioso.

Relação de harmonia significa literalmente formar um todo coerente e unificado, livre de fragmentação. As forças de um sistema com capacidade de auto-organização buscam naturalmente um relacionamento de harmonia. A ciência dá a essa tendência o nome de arrastamento.

Esse estado interconectado de ser está no coração do Aikido. Quando aberto, flexível e não-resistente, o nosso campo de percepção se expande: quanto mais nos abrimos, mais somos capazes de perceber. Quando recebemos num estado aberto, interagimos e nos relacionamos de modo harmonioso. As nossas ações são vistas em seu relacionamento com o todo. A relação de harmonia produz um campo de energia do qual surge o potencial para resolver conflitos dentro de qualquer sistema.

Tudo no universo existe em relação. Todas as coisas estão interligadas. A consciência do todo transcende os limites da nossa consciência do tempo e do espaço. Nós existimos em relação com o planeta, com as outras pessoas, com os nossos pensamentos, valores e percepções, criando um universo de imensa complexidade e possibilidade. Nós criamos o nosso mundo a partir do estado de ser pelo qual operamos. O espírito do Aikido abre uma relação de consciência e percepção. Ele aprimora a qualidade do nosso ser assim como das outras pessoas, e revela e reconcilia nossas inter-relações.

O movimento em harmonia com o outro começa com a primeira lição: ***sentir onde você está*** – ficar presente e enraizado, consciente da própria experiência. A conquista de uma coerência interior, unificada em corpo, mente e espírito, afeta o caráter e a qualidade de qualquer relação. Quando você vive num estado de presença dinâmica, isso permite o surgimento do segundo princípio da não-resistência harmoniosa.

> O segredo do Aikido é harmonizar-se
> com o movimento do universo
> e entrar em concordância
> com o próprio universo.
>
> *Morihei Ueshiba, O-Sensei*

O poder da harmonia

A física ensina que resistência significa perda de energia por fricção. Quando se usa eletricidade para produzir luz, a resistência nos fios para gerar corrente reduz o potencial elétrico. Esse potencial diminui porque se produz calor em vez de luz. Quanto menor a resistência mais eficaz é o sistema – mais forte é a luz. Os pesquisadores da área de comunicação eletrônica estão em busca de supercondutores para criar sistemas com menos resistência.

Essa dinâmica da energia perdida por fricção é visível no mundo das relações humanas – entre indivíduos, empresas e países.

A harmonia gera um imenso poder e esse poder pode ajudar a humanidade a criar relacionamentos harmoniosos.

> O Aiki não é uma técnica para lutar ou se defender de um inimigo. É um modo de reconciliar o mundo e fazer dos seres humanos uma família.
> *Morihei Ueshiba, O-Sensei*

A energia vital, quando sofre resistência, cria stress. Nossa eficiência e eficácia diminuem sob stress. A rigidez dos músculos reduz a amplitude e a força dos movimentos de um atleta, assim como a rigidez mental inibe a capacidade de um executivo de organizar informações e desenvolver estratégias. A resistência aos próprios sentimentos e intenções bloqueia o potencial pessoal e reduz a capacidade que o líder precisa para guiar e motivar outras pessoas e a si mesmo.

Quando estamos abertos e não-resistentes ao fluxo do nosso próprio poder, desenvolvemos um espírito indomável. A palavra "espírito" define o poder das nossas intenções e o poder das nossas atitudes. Refere-se à indefinível energia que ativa essas forças. Quando um líder tem um espírito forte, a equipe se sente energizada e fortalecida.

O poder do Aikido emana da **relação de harmonia**. Em meio à mudança, não se oponha aos seus sentimentos ou aos sentimentos dos outros. Comece por aceitar a experiência como ela é, incluindo nessa aceitação o seu desejo de mudá-la.

A água, por sua natureza, demonstra a não-resistência, pois ela toma naturalmente a forma do recipiente em que está. Em uma resposta Aikido efetiva nos moldamos à forma do ataque numa **relação de harmonia**. Sem se opor à energia do oponente, o praticante se movimenta e responde à situação que se apresenta.

Na prática física do Aikido, quando alguém nos ataca, representando a força da mudança, nós não resistimos a essa força. Não nos mantemos na linha do ataque nem iniciamos uma luta feroz. Nós entramos na situação nos colocando ao lado do atacante, girando o corpo e nos voltando para a mesma direção que ele. Tentamos entender o ponto de vista do oponente. Essa atitude simboliza o esforço para aprender, compreender e entrar na **relação de harmonia**, em vez de desperdiçar o poder divino da criação aumentando a resistência defensiva.

Albert Einstein e David Bohm, ambos físicos proeminentes, pertenciam a uma comunidade de cientistas cujo maior capital era a capacidade de compartilhar num fundo comum de inteligência e conhecimento.

A comunidade científica, quando trabalha bem, é um bom exemplo de **relação de harmonia** em prol do conhecimento e mostra o poder que existe na capacidade de pensar em conjunto. O espírito de harmonia e cooperação cria um ambiente que fomenta o aprendizado e não um ambiente da dominação e do medo.

Fora da linha de choque

Ficar "fora da linha de choque" é o primeiro passo da **relação de harmonia**. Na prática do Aikido no tatame, isso significa ficar fora do caminho de um ataque, do golpe de uma espada, de um empurrão físico ou de uma tentativa de agarramento. O ataque serve como uma metáfora para qualquer mudança ou pressão na vida diária. A pressão do ataque representa a pressão da vida diária: o tempo, o stress psicológico e emocional, etc.

Ficar fora da linha de choque é uma técnica poderosa, especialmente quando o atacante tem a intenção de causar mal – do ponto de vista físico, político ou social. Se você não "estiver lá" para receber o ataque e o seu adversário não conseguir acertar o golpe, ele não poderá machucar você. Fora da linha de choque, a energia que seria gasta para se defender fica disponível para ser usada no processo criativo.

O movimento de sair da linha do choque pode ser descrito num contexto emocional como "não levar para o lado pessoal". Fique fora da linha de choque. Não deixe que a interação com outra pessoa se torne uma questão pessoal. Opte por aceitá-la e compreender o seu significado como uma expressão do modo como ela se sente. Aceitação não significa necessariamente concordância. Se não tomar a reação do outro como uma afronta, você ficará livre para iniciar um diálogo genuíno. Vocês podem buscar soluções criativas juntos, em vez de se perderem em argumentos negativos ou defensivos, que mais drenam que vitalizam e diminuem a qualidade do relacionamento.

O poder do questionamento

O processo de questionamento requer que nos aventuremos pelo desconhecido. Se nos mantivermos nos domínios do conhecido, só adquiriremos conhecimentos adicionais que não perturbem os nossos conceitos nem alterem os nossos pontos de vista. A **relação de harmonia** pode ser descrita como a disposição para fazer questionamentos ou para aprender coisas novas. Não se oponha aos seus sentimentos ou aos sentimentos das outras pessoas. Investigue as origens desses sentimentos e procure por uma mensagem, um senso de orientação.

O questionamento é a porta para um conhecimento maior em todas as coisas. O questionamento por meio da não-resistência, por meio de um escutar sutil do que eu chamo de "sussurros do **kami**" (espírito divino) nos dá acesso a um conhecimento intuitivo que está além do saber consciente. A experiência desse conhecimento produz criatividade e liderança. Num estado de harmonia, os seus sentimentos mais íntimos fazem eco aos sussurros do Aiki-kami, a voz da inspiração. Sentir onde você está é ouvir a sua própria experiência. A **relação de harmonia** inclui ouvir os outros assim como cantar a sua parte da canção. Os sussurros da sabedoria são inúteis se não estamos dispostos a ouvir. O Aikido cria um espírito aberto, não-resistente a novas informações – que a ciência chama de sistema aberto. A inteligência universal, o kami ou nosso eu mais profundo, fala conosco. A questão é saber se estamos ouvindo. O kami sussurra; para ouvir é preciso quietude interior.

David Bohm foi o principal proponente da "disciplina do Diálogo". Ele encontrou características parecidas conversando a respeito com Albert Einstein e Jiddu Krishnamurti, um filósofo oriental contemporâneo: **"Ambos mostravam uma grande energia para escutar e não tinham reservas nem erguiam barreiras para se proteger"**. (*On Dialogue*, de David Bohm.)

A *relação de harmonia* leva a pessoa a lidar de modo criativo com outra pessoa, com uma situação ou com um problema. Quando a energia não se perde com a resistência, todo o nosso poder de atenção e a nossa consciência podem se voltar para gerar soluções e ações criativas. Se uma pessoa reagir mal à sua sugestão, não questione a reação dela nem tente mudar o seu ponto de vista. Investiguem a questão juntos. Use a opinião dela como guia para encontrar uma solução criativa. Trabalhe com o outro para aprimorar a sua sugestão.

Esse é o poder da harmonia – a essência do Aikido.

O Aikido é não-resistência.
Como é não-resistência,
é sempre vitorioso.

Nunca se defender significa nunca lutar.

Não existe discórdia no amor. Não há inimigos
do amor. O amor é o guardião divino de
todas as coisas. Nada pode existir sem ele.

Morihei Ueshiba, O-Sensei

O poder do treinamento

Embora o desejo de resistir muitas vezes pareça uma característica inata, o treinamento apropriado pode transformar essa tendência a que nos habituamos. Mais fácil de dizer do que fazer, a atitude da não-resistência é uma habilidade aprendida. Por meio do constante despertar para a possibilidade de escolher uma resposta positiva e criativa, um novo meio de se relacionar acaba por se desenvolver.

Por tradição, nós fazemos uma reverência no início de cada sessão de treinamento do Aikido. Nós nos curvamos em reconhecimento à nossa vontade de aprender mais sobre nós mesmos. O treinamento da não-resistência evoca o mistério de quem nós realmente somos no nível mais profundo. Harmonia significa acolher a força de vida e não lutar contra ela. No desenvolvimento do espírito da **relação de harmonia**, nós abrimos o nosso ser para a expressão do mistério e do insondável.

O Aikido espelha a vida e os nossos estilos e padrões de comportamento. No tatame, a reação à pessoa que nos ataca revela como reagimos às pressões da vida, sejam elas o aluguel, os impostos, a velhice ou a morte.

O nosso relacionamento com o mundo exterior reflete o nosso relacionamento com a nossa energia, com o nosso espírito. No treinamento, desenvolvemos a disposição para investigar aspectos desconhecidos que podem parecer estranhos ou desconfortáveis. A pessoa que nos "ataca" pode ser vista como uma metáfora das forças externas que encontramos no dia-a-dia, assim como das forças que nos desafiam interna ou psicologicamente.

A harmonização com a energia do atacante requer entrar em sintonia com o nosso próprio *ki*, a nossa energia ou espírito, e aprimorar a nossa capacidade de evocar e utilizar esse potencial. A prática do Aikido abre canais para o *ki* universal e permite que essa energia flua para a criação da nossa vida. Nós praticamos a **relação de harmonia** primeiramente com a nossa própria energia vital.

No treinamento, aprendemos a nos sintonizar com o *ki* e a nos abrir para ele, ao invés de oferecer resistência. Num certo nível, essa sintonização é divertida; em outra, é aterrorizante. Quando aprendemos a lidar com o *ki* do nosso próprio sistema, também conseguimos lidar de modo eficaz com o *ki* do mundo. O poder do universo flui por meio da resposta mais criativa disponível no momento. Quando aguçamos a percepção em atenção, as informações que recebemos podem ser enfocadas num campo de potencial muito maior. A atenção aumenta o potencial.

A morte como conselheira

Como diz a sabedoria popular, só existem duas certezas na vida: a morte e os impostos. A referência aos impostos é uma brincadeira, mas o fato de que a vida é temporária nem sempre é encarado com o mesmo bom humor. Embora o conceito de morte tenha conotações negativas para muitas pessoas, ele pode ser paradoxalmente usado para engendrar mudanças positivas quando representa uma pressão da qual não podemos nos defender.

Buda disse: "Não existe um lugar onde a morte não possa achar você, seja o topo das montanhas ou as profundezas do mar". Pense na morte como uma conselheira. Não é possível sobrepujar o imperativo temporal da vida. A presença da morte faz com que a nossa vitalidade passe para o primeiro plano.

O Aikido não resiste à morte. A atitude de não-resistência do Aikido nos permite incorporar graciosamente a orientação da morte na nossa vida.

Se percebermos que a morte está próxima, não precisamos esperar até que estejamos no leito de morte para começar a ser honestos com nós mesmos ou para superar qualquer dificuldade que nos impeça de cumprir a nossa missão. Ouça o sábio e implacável conselho da morte: "Viva a vida plenamente. É sempre mais tarde do que você pensa".

Peter Senge, autor do livro *The Fifth Discipline,* conta a história de um homem que lutava para não se afogar num redemoinho. Exausto de tanto lutar contra a morte, ele finalmente afundou. Na morte, ele deixa de impor resistência; o redemoinho rapidamente o engolfa e, em questão de segundos, liberta-o em águas mais tranqüilas. Por meio do poder da não-resistência, podemos viver a mudança de modo diferente.

O meu maior medo na vida seria chegar ao fim dela e descobrir que vivi a vida de outra pessoa! A consciência da morte desperta a criação da vida! Em vez de se preocupar com a morte, concentre a sua atenção no viver. ***Sinta onde você está*** e desenvolva uma ***relação de harmonia*** e não-resistência com o universo assim como ele é. Isso abre as portas para o terceiro princípio: ***Compartilhe Quem Você É.***

> Vencer significa sobrepujar a mente da discórdia que existe dentro do seu ser.
> É cumprir a missão que lhe foi designada.
> *Morihei Ueshiba, O-Sensei*

3. Compartilhe Quem Você É

O TERCEIRO PRINCÍPIO É *Compartilhe Quem Você É*. Dê a sua contribuição. Cada um de nós tem a sua própria visão de mundo e algo especial para oferecer. Gostamos de dar a nossa contribuição e ver que ela é valorizada pelas outras pessoas. Quantas vezes, ao participar de uma reunião, você tinha algo importante a dizer, mas permaneceu calado ou se pronunciou com timidez? Quantas contribuições possíveis você se absteve de dar?

Toda inovação nos negócios, todas as descobertas revolucionárias da ciência e todas as transformações significativas das artes enriquecem o mundo todo; e, no entanto, quase toda nova idéia tem quem a critique. Eu adoro uma citação de Martha Graham: "Não é você quem deve julgar o quanto a sua expressão é boa, o quanto ela é valiosa ou até que ponto se compara a outras expressões. Compete a você manter o canal aberto".

A sua obrigação não é apenas ter consciência dos "impulsos que o instigam", mas segui-los também. Produza resultados, não simples idéias. Dê forma às idéias, coloque-as em prática. Faça a sua contribuição. Pode-se dizer que a decisão de manter o canal aberto é que possibilita a ação. Seguir com o fluxo não é o mesmo que esperar sentado.

Nos primeiros tempos do Aikido, o mestre de O-Sensei disse a ele que a sua prática tradicional de Daito-Ryu Aiki-jitsu estava ficando esquisita e desalinhada. Ouvindo a sua ligação cada vez mais profunda com o Aiki-kami, ele fez o Aikido. Obedeceu ao seu mestre, mas manteve as suas convicções. "Sim, mestre", ele respondeu, "eu não mais chamarei a minha prática de Daito-Ryu Aiki-jitsu". O Aikido não tem nada a ver com receber apoio ou elogios, mas com ser autêntico e espontâneo; ser quem você é e **compartilhar quem você é.**

**Agir sem apego aos frutos da ação
é o caminho para a libertação.**
Sri Krishna, The Baghavad Gita

Autenticidade e espontaneidade

A vida não se resume a lidar com as pressões do dia-a-dia; a vida consiste em ser quem você verdadeiramente é neste mundo. Perdemos contato com a nossa missão quando o nosso espírito fica enredado nas coisas do cotidiano – todas as miríades de forças que desviam a nossa atenção do nosso próprio fluxo. Antes de nos darmos conta, as pressões do dia-a-dia consumiram a nossa vida e não sabemos mais quem somos.

Se você me perguntasse quem sou, a princípio eu não saberia o que dizer. Eu não poderia lhe dizer qual é a minha missão especial ou por que estou neste planeta. Quando eu me volto para uma conexão mais profunda do que o meu saber consciente, consigo perceber quem sou neste momento, o que eu gostaria de fazer e o que precisa acontecer. Quando sentimos as partes mais profundas do nosso eu e nos ligamos com algo que está além do conhecido, invocamos a inteligência do espírito, o invisível, o universal, os sussurros do **kami**.

Uma sabedoria incomensurável existe no universo e flui através de nós. A luz da nossa consciência permite que nos orientemos por essa voz interior. Quando estamos centrados, enraizados e não-resistentes, a essência natural de quem somos se manifesta. Isso nos leva na direção do parceiro certo, do trabalho certo e da realização pessoal.

Eu não acho que a vida se resuma a pagar aluguel. Eu não acho que seja uma questão de saber o quanto somos populares ou que feitos realizamos. Acho que se trata de ser verdadeiro consigo mesmo. Trata-se de manifestar a sua experiência e a sua vida com integridade, de modo autêntico, ***compartilhando quem você é***. E, sem dúvida, enquanto estiver aqui, você pagará o aluguel, ganhará dinheiro e dará as suas contribuições pessoais, sejam elas boas ou más; no entanto, essas são apenas eventualidades. A prática desta sua vida é se manter verdadeiro com a sua própria conexão. "Manter o canal aberto."

Quando você sente algo maior do que você mesmo e se liga a isso, um fluxo de energia inunda a sua consciência como indivíduo. Se você se sintonizar com um estado fluido de não-resistência, a sua missão segue naturalmente rumo à sua realização, como que por vontade própria. Você avança com as suas forças de maneira harmoniosa. Isso, por sua vez, abre a possibilidade de você levar outras pessoas a cumprir as suas missões. Você ajuda as pessoas a descobrir o lugar a que pertencem, em vez de forçá-las a estar onde você acha que elas deveriam estar.

Pense na palavra "autenticidade". **Compartilhar quem você é** significa ser autêntico com as pessoas, ser honesto consigo mesmo sobre qualquer coisa que se passa com você. Significa **compartilhar quem você é** a cada momento. Não significa que tenha de espalhar aos quatro ventos o que acontece na sua vida, fazer declarações ou confissões ou colocar anúncios no jornal. Você só precisa manter contato com a sua própria experiência, mostrando disposição para senti-la e deixá-la fluir.

Não entre em discussão consigo mesmo sobre quem você é. Volte-se para a essência de quem você é e deixe que esse sentimento oriente o seu movimento. Quando uma consciência harmoniosa flui livremente, ela se transforma no próprio poder. Essa é a essência da verdadeira liderança.

UMA EXPLORAÇÃO

Talvez você ache mais fácil compartilhar quem você é por meio da visualização. Feche os olhos e imagine-se numa situação de conflito. Preste atenção ao estado do seu ser na imagem visualizada. Observe o seu tônus ou tensão muscular, a sua postura, a sua respiração e os seus sentimentos.

Agora repasse a mesma cena. Dessa vez, sinta onde você está. Imagine a sua respiração fluindo suavemente. Imagine-se relaxando diante da situação. Preste atenção ao fluxo da sua energia vital. Imagine-se preenchido por uma sensação de poder e capacidade. Veja-se movendo numa relação de harmonia com a situação. A partir desse estado de ser, observe como você se comporta na visualização. O que muda?

O PROCESSO COMO UM TODO

A Recuperação da Totalidade

O UNIVERSO É UM SISTEMA ÚNICO, um campo unificado de energia do qual fazemos parte. Quando sabemos que fazemos parte do universo, sentimos onde estamos no fluxo da Criação e temos consciência da nossa ligação com a Terra. A consciência dessa ligação dissipa naturalmente a sensação de isolamento que caracteriza a vida moderna. A vida passa a ser uma interligação e nós nos percebemos numa poderosa sintonia com o universo, à medida que ele se expande. Entrar em sintonia, ter uma sensação de conexão, experimentar uma relação de harmonia com o universo e contribuir para a sua expansão – eis a experiência do Aikido.

O Mistério da Santíssima Trindade

COMO JÁ FOI MENCIONADO, os primeiros dois princípios são pré-requisitos para o terceiro. Você precisa (1) **sentir onde você está**, ou seja, manter um estado auto-reflexivo e autoconsciente, prestando atenção à sensação de estar centrado e enraizado no presente; e (2) criar uma **relação de harmonia** e não-resistência, ou seja, um estado de congruência com a situação que se apresenta. Depois que estiver presente sem impor resistência, toda a sua energia ficará à disposição para (3) que você possa fazer uma contribuição criativa, **compartilhando quem você é**.

Paradoxalmente, essas Três Lições Simples ocorrem em seqüência e concomitantemente. A primeira etapa, enraizar-se e **sentir quem você é**, acontece durante a segunda etapa, a **relação de harmonia** e não-resistência, e também durante a terceira etapa, em que **você compartilha quem é**. O fato de você estar presente, centrado e enraizado na sua experiência, dá a você o poder de iniciar um relacionamento e contribuir.

Na prática física do Aikido, o nosso relacionamento com o parceiro produz uma técnica. Nos negócios e na vida pessoal, a qualidade da nossa presença cria os relacionamentos. Não perca presença quando a qualidade dos relacionamentos começar a mudar. Flua com a mudança com um espírito positivo. A partir do estado de presença e não-resistência, você pode liderar, explorar e guiar.

Quase todo mundo, especialmente os líderes tradicionais, gostaria de passar direto para a terceira etapa – liderar, fazer algo para assumir o comando, corrigir a situação ou ajudar alguém –, sem antes passar pelas duas primeiras. Contudo, é essencial que se aja a partir de um estado centrado e presente. ***Você não chegará lá se não estiver aqui.*** Também é essencial que você aja a partir de um estado de não-resistência. Qualquer resistência que você perceba numa situação acabará por gerar uma resistência na direção contrária.

Depois que mantiver um estado de presença dinâmica e não-resistência harmoniosa, você poderá fazer uma contribuição de valor inestimável. Ninguém mais poderá fazer a mesma contribuição. Mais uma vez eu cito as palavras de Martha Graham: "Você não precisa nem mesmo acreditar em si mesmo ou no seu trabalho. Só tem de se manter aberto e consciente dos impulsos que o instigam".

No Aikido, quando falamos em "se fundir com o ataque", estamos nos referindo a um movimento harmonioso e não-resistente que nos permite neutralizar a ameaça do ataque e transformar a sua força em potencial. Depois que estamos centrados e nos fundimos com a realidade do momento, nós nos tornamos um veículo para o fluxo do *ki* e criamos a oportunidade de causar uma mudança. A beleza da arte de O-Sensei nos ensina a entrar naturalmente em sintonia com o modo como o universo se expande. ***Sinta onde você está***, crie uma ***relação de harmonia*** e ***compartilhe quem você é***.

> Seja lá o que você puder fazer ou achar
> que possa, comece já!
> A ousadia contém genialidade,
> magia e poder.
>
> *Goethe*

Possibilidades Quânticas

ESSES TRÊS PRINCÍPIOS abrem as portas para outro mundo. No Aikido, a palavra japonesa *kokyu* descreve um estado em que o espírito infunde e fortalece as dimensões física, mental e emocional da vida. Quando essas três dimensões funcionam como um todo, quando existe harmonia entre as partes, a vida expressa *kokyu*.

O termo *kokyu* descreve a interação que existe quando duas pessoas são amigas ou as vozes de duas pessoas se fundem numa só. Nos negócios ou nos esportes, quando a mente, o corpo, as emoções e o espírito se unificam, quando o poder mental e as habilidades físicas dos membros de uma equipe se sincronizam numa força unificada, o poder dinâmico de *kokyu* não encontra obstáculo.

Os esportistas campeões falam de "experiências culminantes" ou que "entraram na zona", quando eles aparentemente entram numa outra dimensão e produzem resultados excepcionais. No mundo dos negócios, o surgimento desse estado de **kokyu** é chamado de liderança inspirada, capacidade de tomar decisões com base na intuição ou solução criativa de problemas.

Compreenda que "seguir com o fluxo" só faz sentido se fizermos isso na nossa vida. Num estado de presença dinâmica e de harmonia com o momento, os medos que bloqueiam a expressão da nossa essência parecem se dissipar. Ficamos livres para cumprir a missão a nós designada. Algo além da imaginação acontece quando procuramos, individual e coletivamente, nos tornar parte da força suprema que dá origem a toda a criação. Disso advém um estado de graça.

> Isso não é mera teoria. Você pratica.
> E então percebe o grande poder
> da unicidade com a natureza.
> *Morihei Ueshiba, O-Sensei*

Uma mente que sirva à paz de todos os seres humanos é necessária no Aikido, e não a mente que almeje ser forte ou que pratique apenas para derrubar o oponente.

Morihei Ueshiba, O-Sensei

>

Mudança Social: Liderança do Espírito

INDIVÍDUOS FRAGMENTADOS inevitavelmente produzem uma sociedade fragmentada. O que estamos tratando neste livro – **sentir onde nós estamos**, estar em **relação de harmonia** e **compartilhar quem nós somos** – é um processo de contínuo desenvolvimento e renovação. O Aikido consiste na formação de pessoas autodirecionadas que assumam a responsabilidade pela criação da sociedade. O processo começa pela cura da fragmentação em nós mesmos e naturalmente o espírito de unificação se espalha pelo mundo.

Existe algo inato no ser humano dirigido para o aprender. Os líderes sociais de todos os ramos do conhecimento humano que deram as maiores contribuições à sociedade concentraram-se no próprio desenvolvimento e depois no aperfeiçoamento do seu trabalho e da sua capacidade de motivar pessoas. O compromisso com o próprio desenvolvimento é a base do desenvolvimento da sociedade.

> ...toda experiência tem mostrado que, enquanto lhe for possível suportar as contrariedades, a humanidade está mais disposta a sofrer do que a reparar os erros, abolindo as formas a que se habituaram.
>
> *Declaração da Independência dos EUA*

A transformação de um indivíduo, de uma equipe, de uma empresa ou de um país tem de começar pela autotransformação. A transformação não acontecerá com empregadores que querem que os "outros" mudem, em vez de buscar a mudança em si mesmos. Todo mundo quer ir para o céu, mas ninguém quer morrer. A unificação da mente, do corpo, das emoções e do espírito é o começo, e as Três Lições Simples representam um caminho fácil e acessível para isso.

A mitologia hindu prega a divindade de três forças: criação, preservação e destruição. O Deus da destruição e da transformação, chamado Shiva, é o destruidor dos mundos. Ele é reverenciado porque a mitologia hindu reconhece que tudo faz parte de um ciclo. Temos de aprender a aceitar o ciclo da mudança para promover a transformação e dar as boas-vindas à morte dos nossos hábitos e de outras estruturas mentais que nos deixam cegos. A resistência à mudança nos mantém num conflito social e pessoal.

O Aikido não serve para corrigir os outros; serve para corrigir a nossa própria mente.
Morihei Ueshiba, O-Sensei

A primeira regra dos negócios é questionar e reformular o nosso próprio modo de pensar. Buda ensinava que tudo o que somos é resultado do que pensamos. Albert Einstein dizia que não solucionamos nenhum problema usando o mesmo pensar que o criou. David Bohm afirmava que o pensamento fragmentado só pode produzir resultados fragmentados. Ouvir os sussurros do **kami** significa mudar o nosso jeito de pensar. A mudança das nossas estruturas de pensamento dá acesso a significados que estão além da nossa ordem atual.

Não podemos realmente **compartilhar o que somos** sem "aprofundar" o nosso estado. Passamos a pensar de modo diferente quando distinguimos a nossa experiência com mais clareza. Quando acalmamos as águas do nosso ser, podemos receber as mensagens de níveis mais profundos de conhecimento. O estado de ser pouco profundo produz pensamentos superficiais e atitudes irresponsáveis. O pensamento precisa estar em "unidade" com o sentimento, com a ação e com o espírito. As soluções criadas pelo pensamento fragmentado só darão origem à divisão e ao conflito.

Se você tem o desejo de liderar, você tem de empenhar todas as suas forças. Você não pode dirigir um carro ficando do lado de fora. Alguns problemas sempre persistirão, mas o desenvolvimento criativo da sua força e coragem continua sendo uma necessidade. O universo é um campo unificado de inteligência infinita. Os problemas surgem por causa do relacionamento desarmônico com a força universal, em razão do pouco entendimento dos seus princípios. Quando a inteligência do universo sussurrar para você, responda sem resistir.

> **Quando você se curva para o universo, ele faz o mesmo com você. Quando você chama pelo nome do divino, ele ecoa dentro de você.**
>
> *Morihei Ueshiba, O-Sensei*

UM SISTEMA

A PRÁTICA DA MAESTRIA é simples. ***Sentindo onde você está***, você está no processo de sentir o universo. O universo não é algo separado com o qual você tem de aprender a se relacionar. Você ***é*** o universo. A criação do universo é um processo no qual você está completamente envolvido. Você ***é*** a Criação.

> **Não existem oponentes nem inimigos para o**
> **verdadeiro budo. O verdadeiro budo é estar**
> **em unidade com o universo; isto é,**
> **estar unido com o centro do universo.**
> *Morihei Ueshiba, O-Sensei*

Ao concentrar a atenção, passamos a ter consciência de como os nossos processos internos influenciam os padrões de energia que modelam a nossa vida. Essa consciência aumenta a nossa capacidade de influenciar a energia multiforme que cria a experiência.

> **Tudo muda. Se tudo muda, você**
> **pode mudar. Se você pode**
> **mudar, a sua mudança muda a mudança.**

A vida muda quando nos percebemos criando ativamente o universo, o que inclui a família, a sociedade, a cultura e o mundo em que vivemos. Nós passamos de um estado vitimizado, de um sentimento de impotência, para um estado em que percebemos o acesso aos recursos do universo.

Forças maiores estão em ação na nossa vida. A atitude de ***sentir onde estamos*** com relação a essas forças muda o nosso relacionamento com elas. De folhas frágeis levadas pelos ventos da mudança, nós nos transformamos em pilotos do nosso destino, navegando pela jornada da nossa vida.

Só de imaginar que tem esse poder, você já começa a despertar poderes latentes desconhecidos. Você agora tem a capacidade de sonhar, de imaginar uma vida renovada. Esse é o começo da jornada.

> **A mais longa jornada começa com um único passo.**
> *Lao-tsé*

ADVERTÊNCIA

Alguém bailando dentro de nós
só aprendeu uns poucos passos:
O "Faça-o-seu-trabalho" em quatro tempos,
a valsa "Qual-a-sua-expectativa?"
Ele não notou ainda a moça
afastada das luzes.
Essa de olhos negros
que conhece a rumba
e passos exóticos de ritmo saltitante,
originários das montanhas búlgaras.
Se eles dançarem juntos,
acontecerá algo inesperado;
se não dançarem, o próximo mundo
será bem parecido com este.

Bill Holm

SINTA QUEM VOCÊ É

TORNE-SE QUEM VOCÊ É

COMPARTILHE QUEM VOCÊ É

A Origem das Três Lições Simples

AS AULAS QUE DEI NA NOVA ZELÂNDIA me estimularam a ver o Aikido de outra maneira – uma abordagem que agora eu chamo de "Aiki-lândia". Eu sonhava com isso quando uma aluna chegou para a aula distraída e chateada. Puxei-a de lado e perguntei qual era o problema. Com os olhos cheios de lágrimas, ela respondeu: "O meu irmão está com um tumor. Ele tem câncer. Não sei o que fazer". Sei, por experiência própria, que a reação mais comum a uma crise existencial é evitar a situação ou fingir que está tudo bem.

Depois de um momento de silêncio, as palavras brotaram dos meus lábios. Não posso dizer com certeza se fui eu que as proferi. Eu disse a ela: "Você pode reagir negando ou evitando a situação, ou pode simplesmente ter consciência de onde você está e sentir o que se passa com você. Em outras palavras, você pode resistir à situação, inclusive aos seus sentimentos e pensamentos, o que é doloroso, ou pode aceitar a situação como ela é, sentindo onde você está. Se simplesmente ficar presente e não oferecer resistência, você poderá ajudar o seu irmão e a si mesma, compartilhando quem você é".

Essa experiência foi o que me levou a formular e praticar as Três Lições Simples. Aonde quer que eu vá, eu as ensino aos meus clientes do mundo dos negócios e aos meus alunos de Aikido. Eu uso essas lições em meditações e inclusive em trabalhos internacionais em prol da paz. Essas Três Lições Simples continuam se aprofundando e as suas aplicações não param de se expandir, revelando um poder que foi além das minhas expectativas.

Dois meses depois, essa mesma aluna me encontrou e disse: "Quero que saiba que o meu irmão está bem". É impossível saber até que ponto a prática dela afetou a cura do irmão. Talvez tenha ajudado, talvez não. O que posso dizer é que, com essa prática, durante o período de doença do irmão, essa moça viveu uma realidade diferente criada pelo modo como ela reagiu à crise.

Seja o que for que você enfrente na vida, sempre existe a oportunidade de aplicar os princípios do Aikido. Eu ofereço este livro na esperança de que a sua vida se enriqueça por meio da experiência dessa Arte.

合氣道